Impressum
Verlag: BABADADA GmbH, Nedderfeld 112 , 22529 Hamburg
Geschäftsführer / Verlagsleitung: Harald Hof
Druck: Books on Demand GmbH, In de Tarpen 42, 22848 Norderstedt

Imprint
Publisher: BABADADA GmbH, Nedderfeld 112 , 22529 Hamburg, Germany
Managing Director / Publishing direction: Harald Hof
Print: Books on Demand GmbH, In de Tarpen 42, 22848 Norderstedt

學校

Szkoła

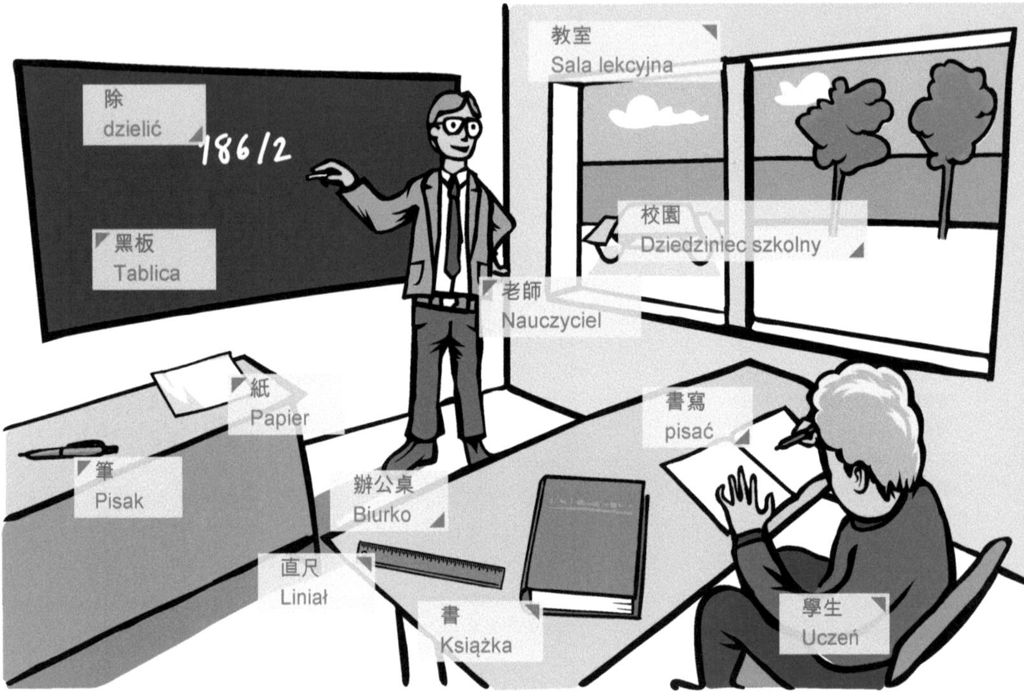

教室
Sala lekcyjna
除
dzielić
186/2
校園
Dziedziniec szkolny
黑板
Tablica
老師
Nauczyciel
紙
Papier
書寫
pisać
筆
Pisak
辦公桌
Biurko
直尺
Liniał
書
Książka
學生
Uczeń

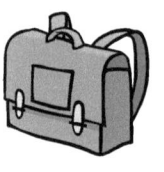

書包

Plecak szkolny

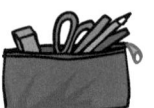

鉛筆盒

Piórnik

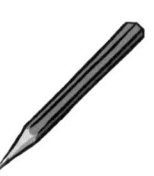

鉛筆

Ołówek

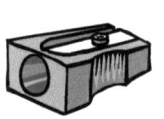

削鉛筆機

Temperówka

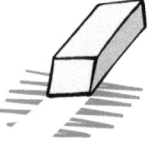

橡皮擦

Gumka do mazania

畫板

Blok rysunkowy

圖畫

Rysunek

畫筆

Pędzel

顏料盒

Pudełko z akwarelami

剪刀

Nożyce

膠水

Klej

練習冊

Książka do ćwiczenia

家庭作業

Zadanie domowe

數字

Liczba

加

dodawać

減

odcjmować

乘

mnożyć

計算

liczyć

字母

Litera

ABCDEFG
HIJKLMN
OPQRSTU
VWXYZ

字母表

Alfabet

hello

字

Słowo

課文
Tekst

讀
czytać

粉筆
Kreda

上課
Godzina

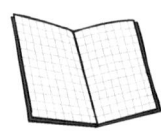

登記
Dziennik lekcyjny

考試
Egzamin

證書
Świadectwo

校服
Mundurek szkolny

教育
Wykształcenie

百科全書
Leksykon

大學
Uniwersytet

顯微鏡
Mikroskop

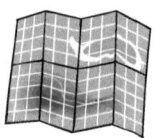

地圖
Mapa

廢紙簍
Kosz na odpadki

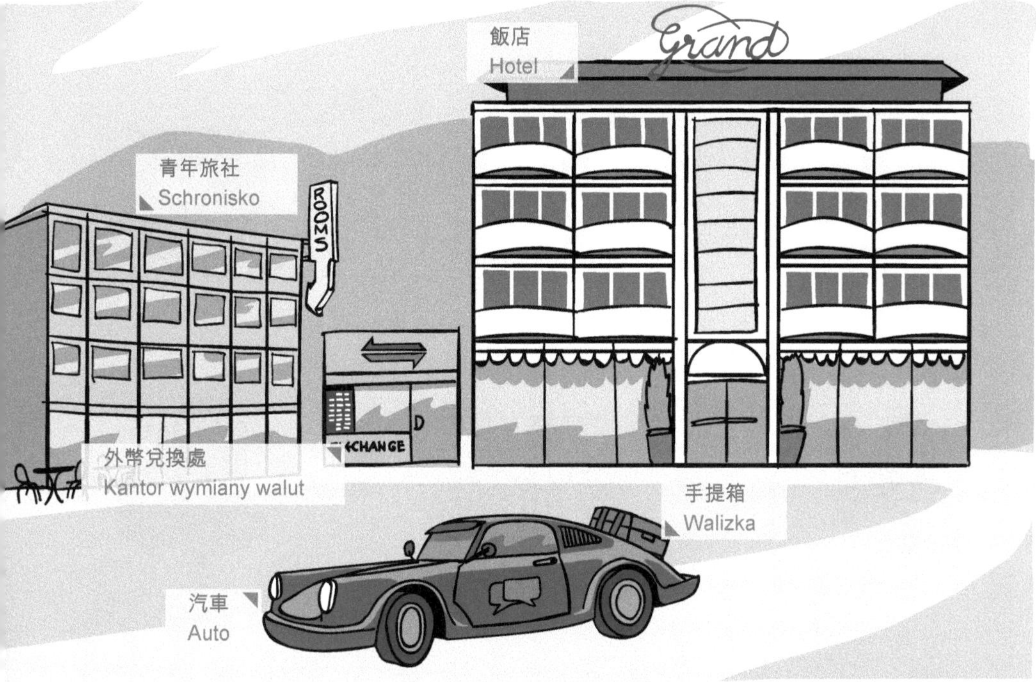

飯店
Hotel
青年旅社
Schronisko
ROOMS
外幣兌換處
Kantor wymiany walut
手提箱
Walizka
汽車
Auto

語言

Język

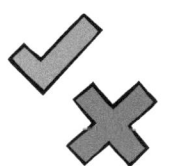

是/否

tak / nie

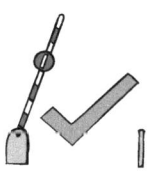

好的

OK

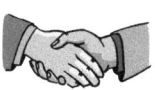

您好

Halo

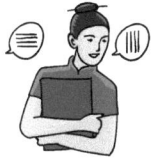

翻譯人員

Tłumacz

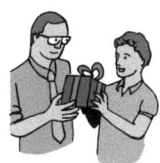

謝謝

Dziękuję

……多少錢？

Ile kosztuje ...?

我不明白

Nie rozumiem

問題

Problem

晚上好！

Dobry wieczór!

早上好！

Dzień dobry!

晚安！

Dobranoc!

再見

Do widzenia

方向

Kierunek

行李

Bagaż

包

Torba

背包

Plecak

客人

Gość

房間

Pokój

睡袋

Śpiwór

帳篷

Namiot

旅行資訊

Informacja turystyczna

海灘

Plaża

信用卡

Karta kredytowa

早餐

Śniadanie

午餐

Obiad

晚餐

Kolacja

票

Bilet

電梯

Winda

郵票

Znaczek na list

邊界

Granica

海關

Cło

大使館

Ambasada

簽證

Wiza

護照

Paszport

交通運送

Transport

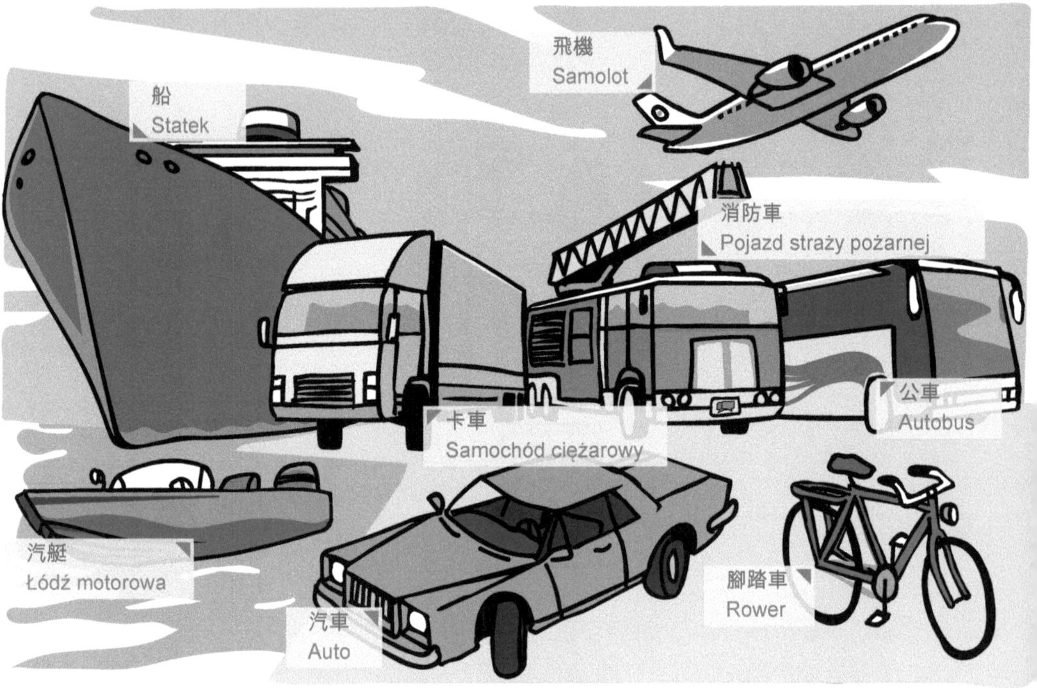

船
Statek
飛機
Samolot
消防車
Pojazd straży pożarnej
卡車
Samochód ciężarowy
公車
Autobus
汽艇
Łódź motorowa
腳踏車
Rower
汽車
Auto

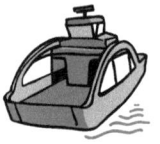

渡輪

Prom

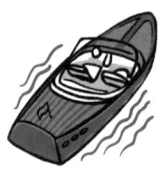

小船

Łódź

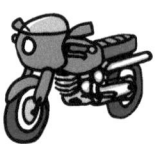

機車

Motocykl

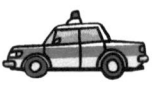

警車

Radiowóz policyjny

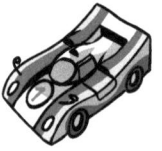

賽車

Samochód wyścigowy

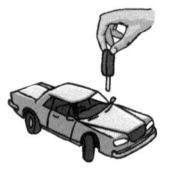

租車

Samochód wypożyczony

拼車

Wspólne przejazdy
samochodem

拖車

Samochód pomocy
drogowej

垃圾車

Śmieciarka

馬達

Silnik

汽油

Benzyna

加油站

Stacja benzynowa

交通標識

Znak drogowy

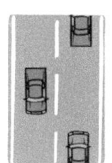

交通

Ruch

交通堵塞

Korek

停車場

Parking

火車站

Dworzec

軌道

Szyny

火車

Pociąg

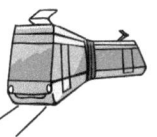

路面電車

Tramwaj

客車廂

Wagon

直升機

Helikopter

機場

Lotnisko

塔

Wieża

乘客

Pasażer

集裝箱

Kontener

紙板箱

Karton

手推車

Taczka

籃子

Kosz

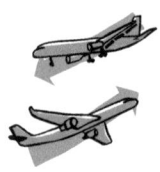

起飛/降落

startować / lądować

城市

Miasto

村莊

Wieś

市中心

Centrum miasta

房子

Dom

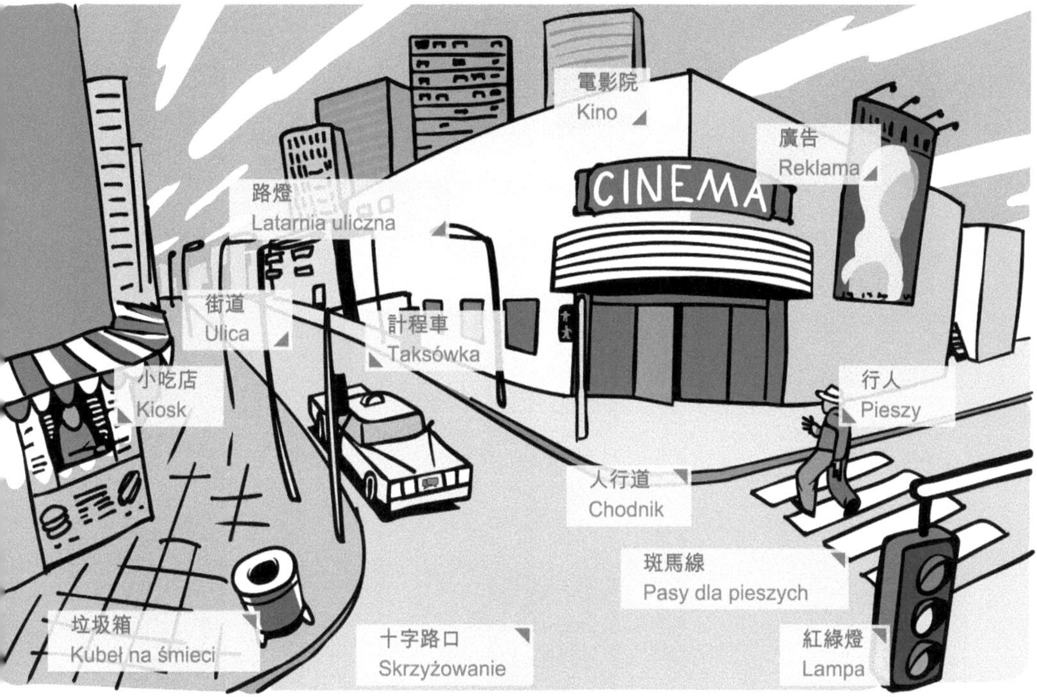
電影院
Kino
廣告
Reklama
CINEMA
路燈
Latarnia uliczna
街道
Ulica
計程車
Taksówka
小吃店
Kiosk
行人
Pieszy
人行道
Chodnik
斑馬線
Pasy dla pieszych
垃圾箱
Kubeł na śmieci
十字路口
Skrzyżowanie
紅綠燈
Lampa

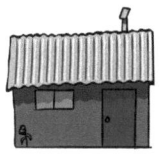

小屋

Chata

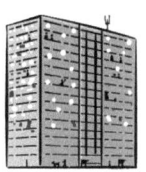

公寓

Mieszkanie

火車站

Dworzec

市政廳

Ratusz

MUSEUM

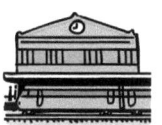

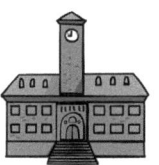

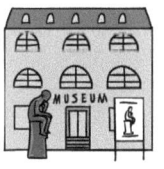

博物館

Muzeum

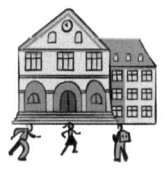

學校

Szkoła

大學
Uniwersytet

銀行
Bank

醫院
Szpital

飯店
Hotel

藥房
Apteka

辦公室
Biuro

書店
Księgarnia

商店
Sklep

花店
Kwiaciarnia

超市
Supermarket

市場
Rynek

百貨商店
Dom towarowy

魚店
Sklep z rybami

購物中心
Centrum handlowe

海港
Port

公園
Park

長凳
Ławka

橋
Most

樓梯
Schody

捷運
Metro

隧道
Tunel

公車站
Przystanek autobusowy

酒吧
Bar

餐館
Restauracja

郵筒
Skrzynka na listy

路標
Tabliczka z nazwą ulicy

停車計時器
Parkometr

動物園
Zoo

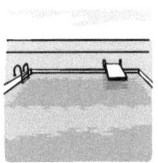

游泳池
Łaźnia

清真寺
Meczet

農場

Gospodarstwo chłopskie

污染

Zanieczyszczenie środowiska

墓地

Cmentarz

教堂

Kościół

操場

Plac zabaw

寺廟

Świątynia

地形

Krajobraz

樹葉
Liść

指示牌
Drogowskaz

路
Droga

草地
Łąka

石頭
Kamień

樹
Drzewo

徒步旅行者
Wędrowiec

河
Rzeka

草
Trawa

花
Kwiat

峽谷

Dolina

丘陵

Góra

湖

Jezioro

森林

Las

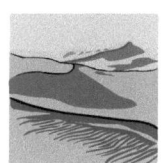

沙漠

Pustynia

火山

Wulkan

城堡

Zamek

彩虹

Tęcza

蘑菇

Grzyb

棕櫚樹

Palma

蚊子

Komar

蒼蠅

Mucha

螞蟻

Mrówka

蜜蜂

Pszczoła

蜘蛛

Pająk

甲蟲

Chrząszcz

青蛙

Żaba

松鼠

Wiewiórka

刺蝟

Jeż

野兔

Zając

貓頭鷹

Sowa

鳥

Ptak

天鵝

Łabędź

野豬

Dzik

鹿

Jeleń

麋鹿

Łoś

水壩

Tama

風力發電機

Wiatrak

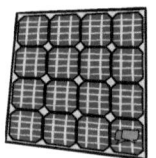

太陽能電池板

Moduł solarny

氣候

Klimat

餐館

Restauracja

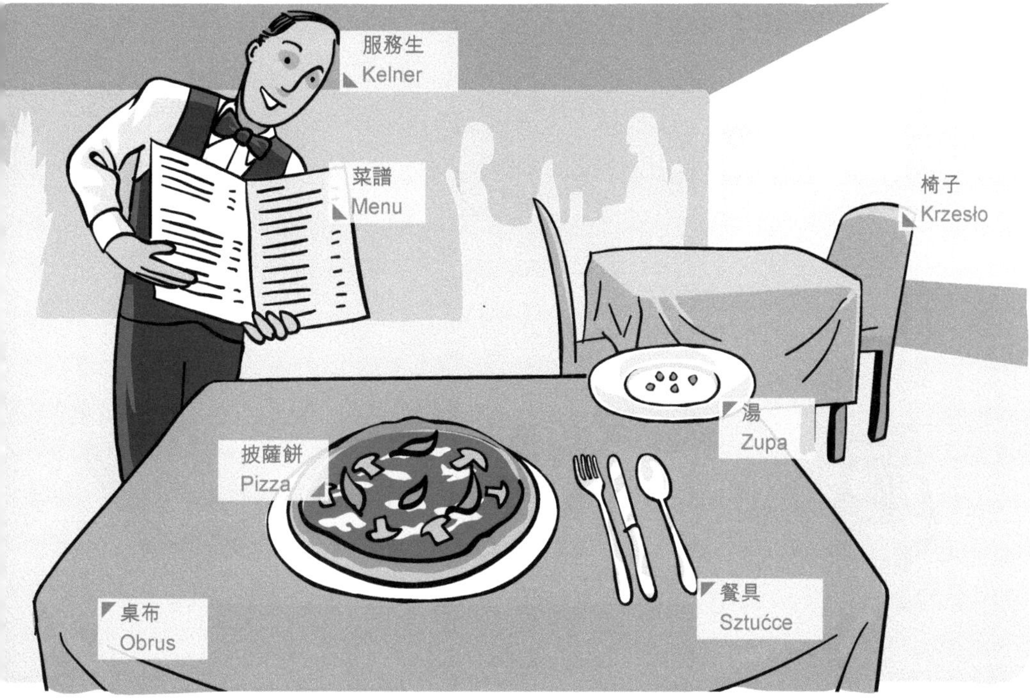

服務生
Kelner
菜譜
Menu
椅子
Krzesło
湯
Zupa
披薩餅
Pizza
餐具
Sztućce
桌布
Obrus

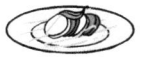

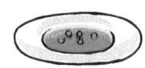

前菜

Przystawka

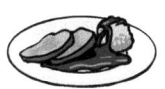

主菜

Danie główne

甜點

Deser

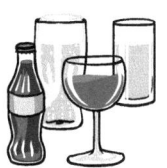

飲料

Napoje

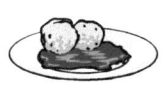

食物

Jedzenie

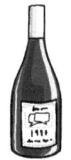

瓶子

Butelka

速食

Fastfood

街邊小吃

Streetfood

茶壺

Dzbanek na herbatę

糖盒

Cukierniczka

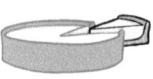

一份飯菜

Porcja

義式咖啡機

Zaparzarka do espresso

高腳椅

Krzesło dla dziecka

帳單

Rachunek

托盤

Taca

刀

Nóż

餐叉

Widelec

勺子

Łyżka

茶匙

Łyżeczka

餐巾

Serwetka

玻璃杯

Szklanka

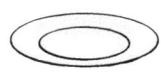

碟子

Talerz

湯盤

Talerz do zupy

碟子

Podstawek pod filiżankę

醬

Sos

鹽瓶

Solniczka

胡椒研磨罐

Młynek do pieprzu

醋

Ocet

食用油

Olej

調味料

Przyprawy

番茄醬

Keczup

芥末

Musztarda

美乃滋

Majonez

超市

Supermarket

特價
Oferta
FOR
顧客
Klient
乳製品
Produkty mleczne
水果
Owoce
購物車
Wózek sklepowy

BUTCHERS

肉鋪

Rzeźnia

BAKERY

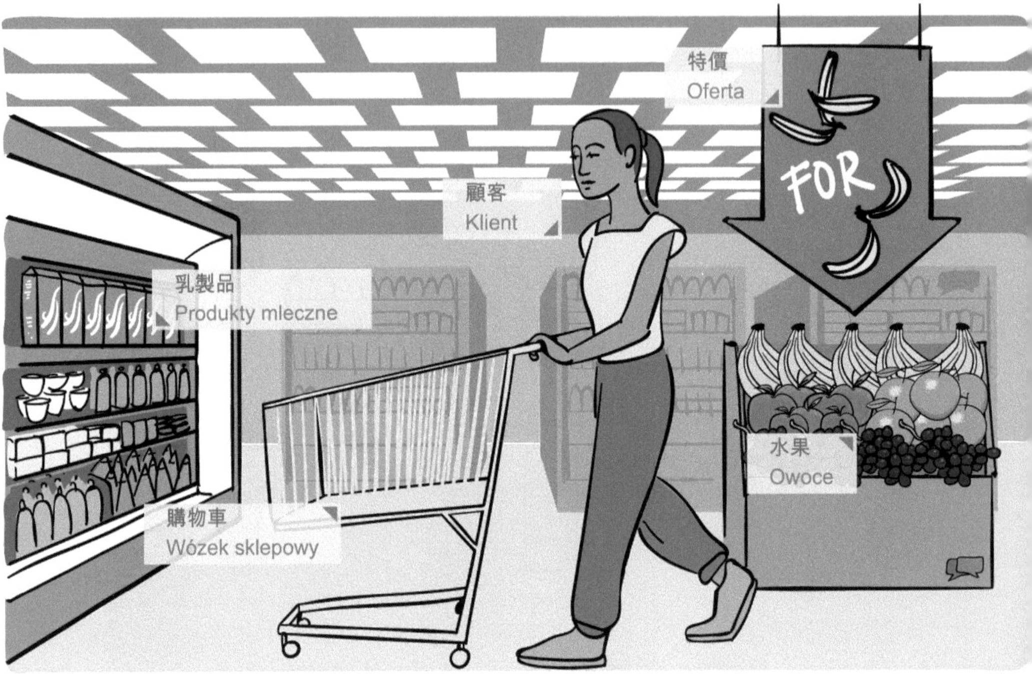

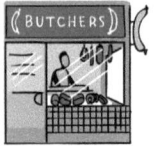

麵包店

Piekarnia

稱重

ważyć

蔬菜

Warzywa

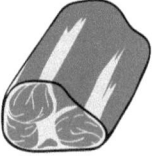

肉

Mięso

冷凍食品

Mrożonki

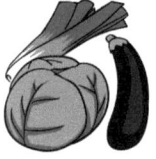

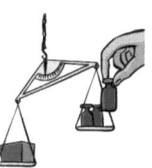

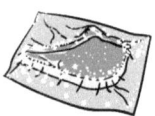

冷盤
Wędliny

罐頭食品
Konserwy

洗衣粉
Proszek m do prania

甜食
Słodycze

日用品
Artykuły użytku domowego

清潔用品
Środek czyszczący

銷售員
Sprzedawczyni

收銀機
Kasa

收銀員
Kasjer

購物清單
Lista zakupów

開放時間
Godziny otwarcia

錢包
Portfel

信用卡
Karta kredytowa

袋子
Torba

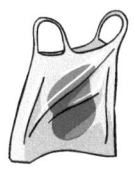

塑膠袋
Torebka plastikowa

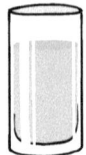

水

Woda

果汁

Sok

牛奶

Mleko

可樂

Cola

紅酒

Wino

啤酒

Piwo

酒

Alkohol

可可

Kakao

茶

Herbata

咖啡

Kawa

義式濃縮咖啡

Espresso

卡布奇諾

Cappuccino

香蕉

Banan

蘋果

Jabłko

柳丁

Pomarańcza

西瓜

Arbuz

檸檬

Cytryna

胡蘿蔔

Marchew

大蒜

Czosnek

竹子

Bambus

洋蔥

Cebula

蘑菇

Grzyb

堅果

Orzechy

麵條

Makaron

義大利麵

Spaghetti

米飯

Ryż

沙拉

Sałatka

薯條

Frytki

炸馬鈴薯

Ziemniaki pieczone

披薩餅

Pizza

漢堡

Hamburger

三明治

Kanapka

炸豬排

Sznycel

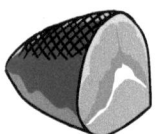

火腿

Szynka

義大利臘腸

Salami

香腸

Kiełbasa

雞肉

Kura

烤肉

Pieczeń

魚

Ryba

燕麥片

Płatki owsiane

木斯里

Musli

玉米片

Płatki kukurydziane

麵粉

Mąka

牛角麵包

Croissant

麵包捲

Bułka

麵包

Chleb

吐司

Toast

餅乾

Ciastka

奶油

Masło

凝乳

Twarożek

蛋糕

Ciasto

蛋

Jajko

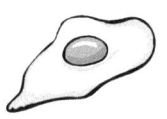

煎蛋

Jajko sadzone

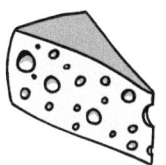

起司

Ser

冰淇淋

Lody

糖

Cukier

蜂蜜

Miód

果醬

Marmolada

巧克力醬

Krem nugatowy

咖哩

Curry

Gospodarstwo chłopskie

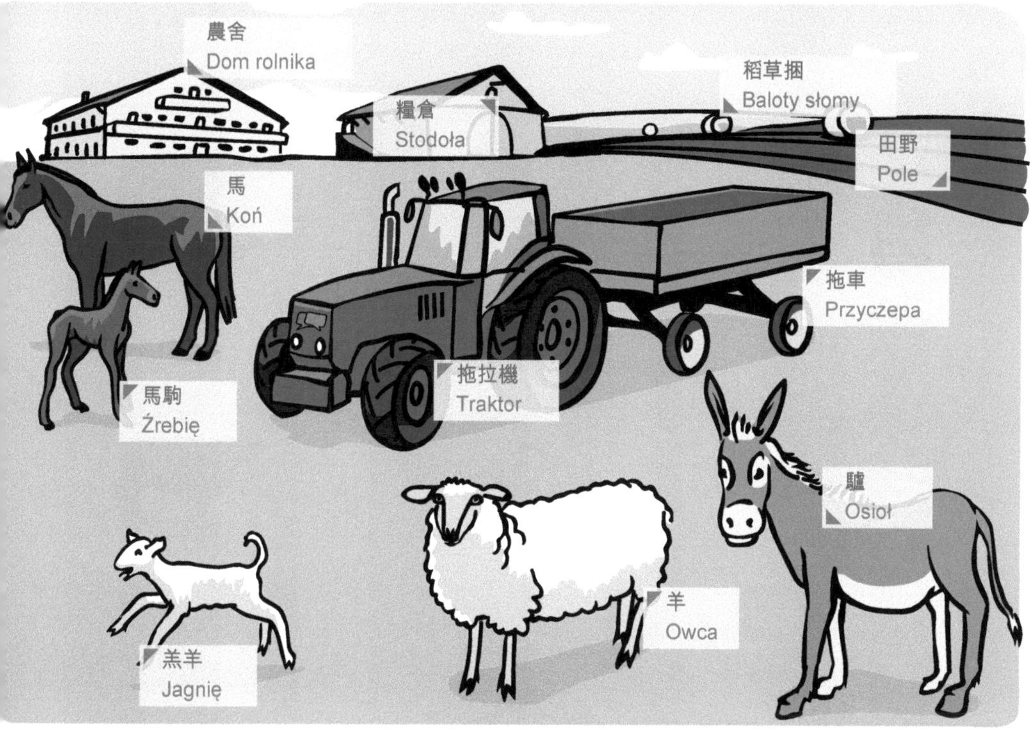
農舍
Dom rolnika
稻草捆
Baloty słomy
糧倉
Stodoła
田野
Pole
馬
Koń
拖車
Przyczepa
馬駒
Źrebię
拖拉機
Traktor
驢
Osioł
羊
Owca
羔羊
Jagnię

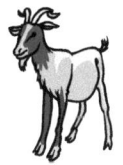

山羊

Koza

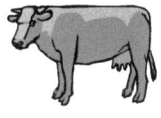

奶牛

Krowa

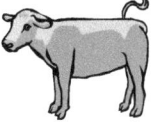

小牛

Cielę

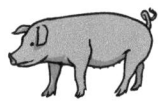

豬

Świnia

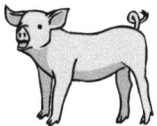

小豬

Prosię

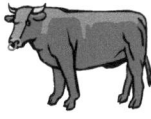

公牛

Byk

鵝
Gęś

鴨
Kaczka

小雞
Kurczątko

母雞
Kura

公雞
Kogut

鼠
Szczur

貓
Kot

老鼠
Mysz

牛
Osioł

狗
Pies

狗屋
Buda dla psa

花園澆水軟管
Wąż ogrodowy

澆水壺
Konewka

長柄大鐮刀
Kosa

犁
Pług

鐮刀

Sierp

鋤頭

Graca

長柄草耙

Widły

斧頭

Siekiera

獨輪手推車

Taczka

飼料槽

Koryto

牛奶罐

Kanka na mleko

麻布袋

Worek

柵欄

Płot

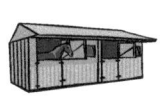

馬廄

Stajnia

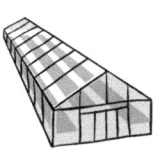

溫室

Szklarnia

土壤

Ziemia

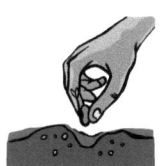

種子

Nasiona

肥料

Nawóz

聯合收割機

Kombajn zbożowy

收割

zbierać

收割

Żniwa

地瓜

Podchrzyn

小麥

Pszenica

大豆

Soja

土豆

Ziemniak

玉米

Kukurydza

油菜籽

Rzepak

果樹

Drzewo owocowe

樹薯

Maniok

穀物

Zboże

房子
Dom

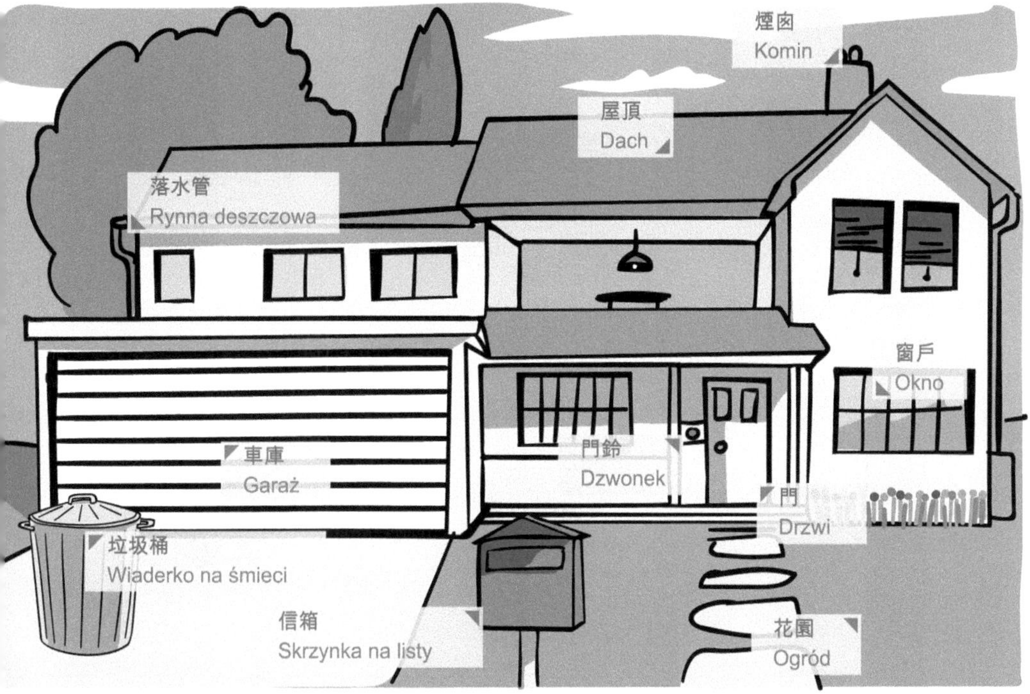

煙囪
Komin
屋頂
Dach
落水管
Rynna deszczowa
窗戶
Okno
車庫
Garaż
門鈴
Dzwonek
門
Drzwi
垃圾桶
Wiaderko na śmieci
信箱
Skrzynka na listy
花園
Ogród

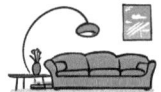

客廳

Pokój dzienny

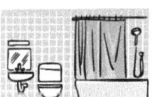

浴室

Łazienka

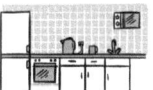

廚房

Kuchnia

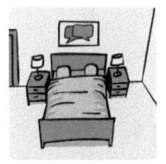

臥室

Sypialnia

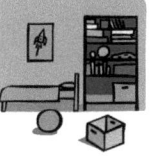

兒童房

Pokój dziecięcy

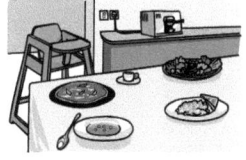

餐廳

Jadalnia

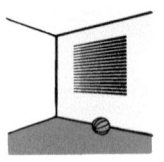

地板

Ziemia

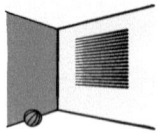

牆壁

Ściana

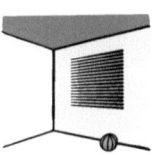

天花板

Koc

地窖

Piwnica

三溫暖

Sauna

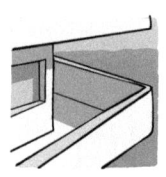

陽臺

Balkon

露臺

Taras

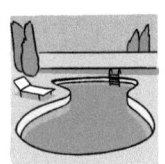

游泳池

Basen

割草機

Kosiarka do trawy

被單

Poszwa

床罩

Kołdra

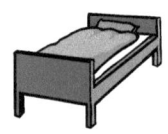

床

Łóżko

掃帚

Miotła

水桶

Wiadro

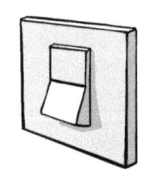

開關

Włącznik

客廳

Pokój dzienny

壁紙
Tapeta
相片
Obraz
檯燈
Lampa
擱架
Regał
櫥櫃
Szafa
電視
Telewizor
壁爐
Komin
花
Kwiat
墊子
Poduszka
沙發
Kanapa
花瓶
Wazon
遙控器
Pilot

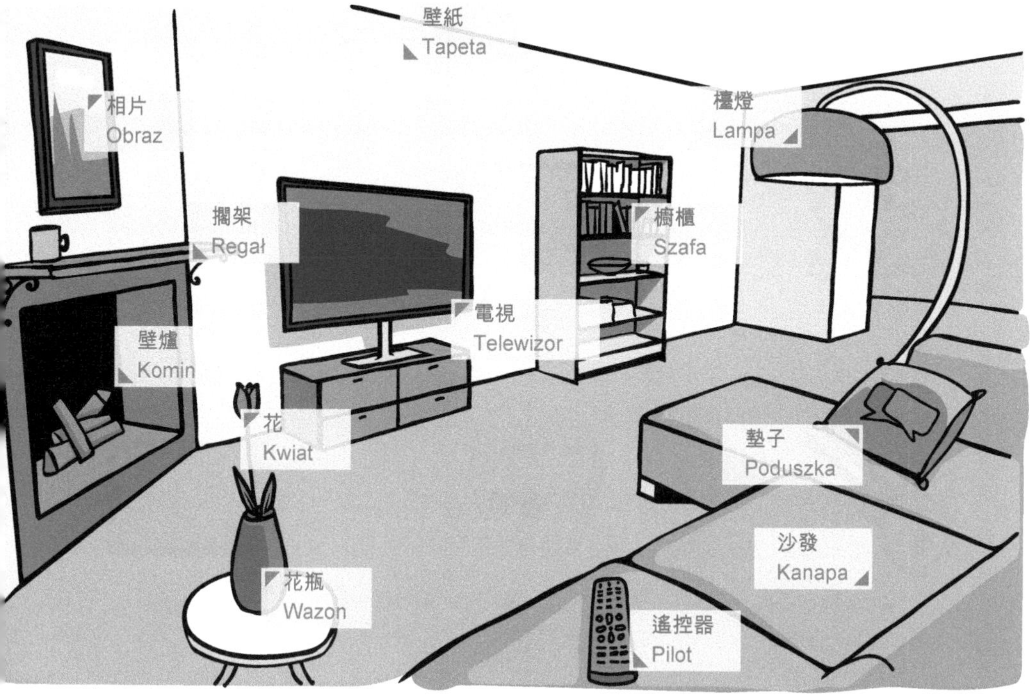

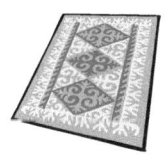

地毯

Dywan

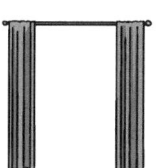

窗簾

Zasłona

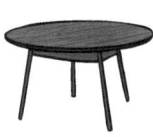

餐桌

Stół

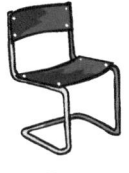

椅子

Krzesło

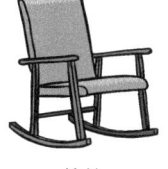

搖椅

Bujak

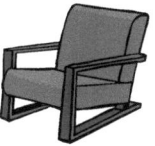

扶手椅

Fotel

書

Książka

毯子

Sufit

裝飾品

Dekoracja

木柴

Drewno kominkowe

電影

Film

高傳真音響

Instalacja stereo

鑰匙

Klucz

報紙

Gazeta

油畫

Malunek

海報

Plakat

收音機

Radio

筆記本

Notatnik

吸塵器

Odkurzacz

仙人掌

Kaktus

蠟燭

Świeczka

廚房
Kuchnia

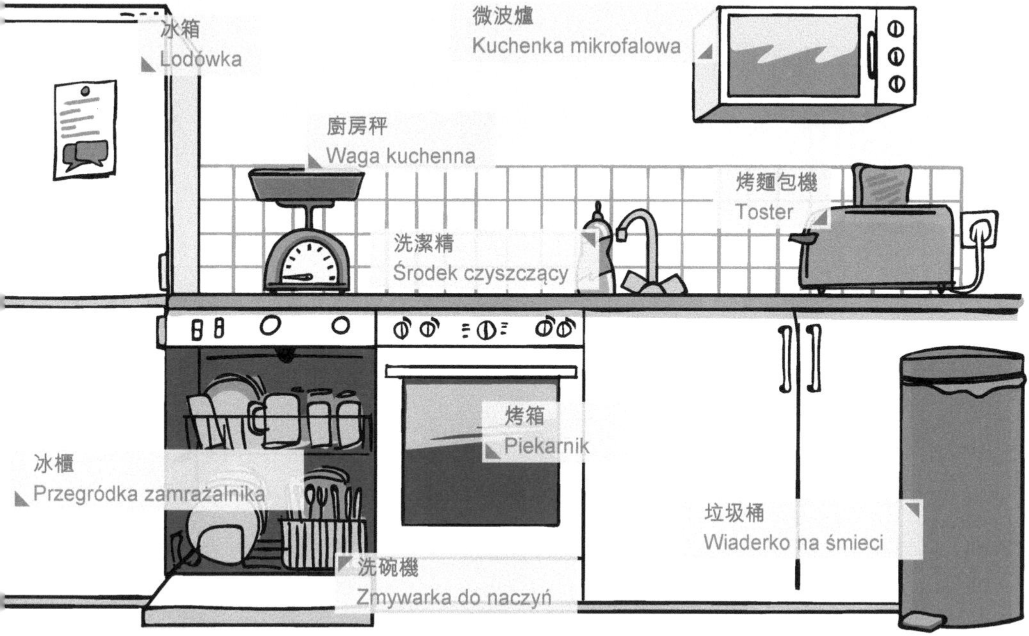

冰箱
Lodówka
微波爐
Kuchenka mikrofalowa
廚房秤
Waga kuchenna
烤麵包機
Toster
洗潔精
Środek czyszczący
烤箱
Piekarnik
冰櫃
Przegródka zamrażalnika
垃圾桶
Wiaderko na śmieci
洗碗機
Zmywarka do naczyń

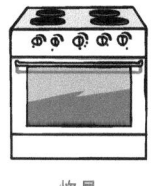

炊具

Kuchenka

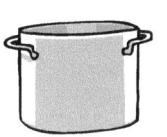

鍋

Garnek

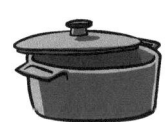

鑄鐵鍋

Kocioł żeliwny

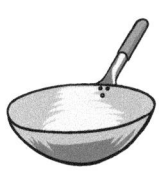

炒鍋

Wok / Kadai

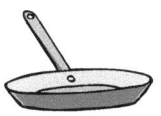

平底鍋

Patelnia

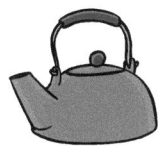

水壺

Czajnik

蒸鍋

Parowar

烤盤

Blacha do pieczenia

陶瓷鍋

Naczynia kuchenne

馬克杯

Kubek

碗

Miska

筷子

Pałeczki

長柄勺

Nabierka

鏟子

Łopatka do smażenia

攪拌器

Trzepaczka do śmietany

濾網

Cedzak

篩子

Sitko

磨碎機

Tarka

研缽

Moździerz

燒烤

Grillowanie

明火

Palenisko

菜板
Deska

擀麵杖
Wałek do ciasta

開瓶器
Korkociąg

罐子
Puszka

開罐器
Otwieracz do puszek

隔熱手套
Ściereczka do trzymania
garnka

水槽
Umywalka

刷子
Szczotka

海綿
Gąbka

攪拌機
Mikser

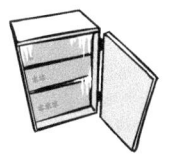

冷藏箱
Zamrażarka

奶瓶
Butelka dla niemowlęcia

水龍頭
Kran

浴室

Łazienka

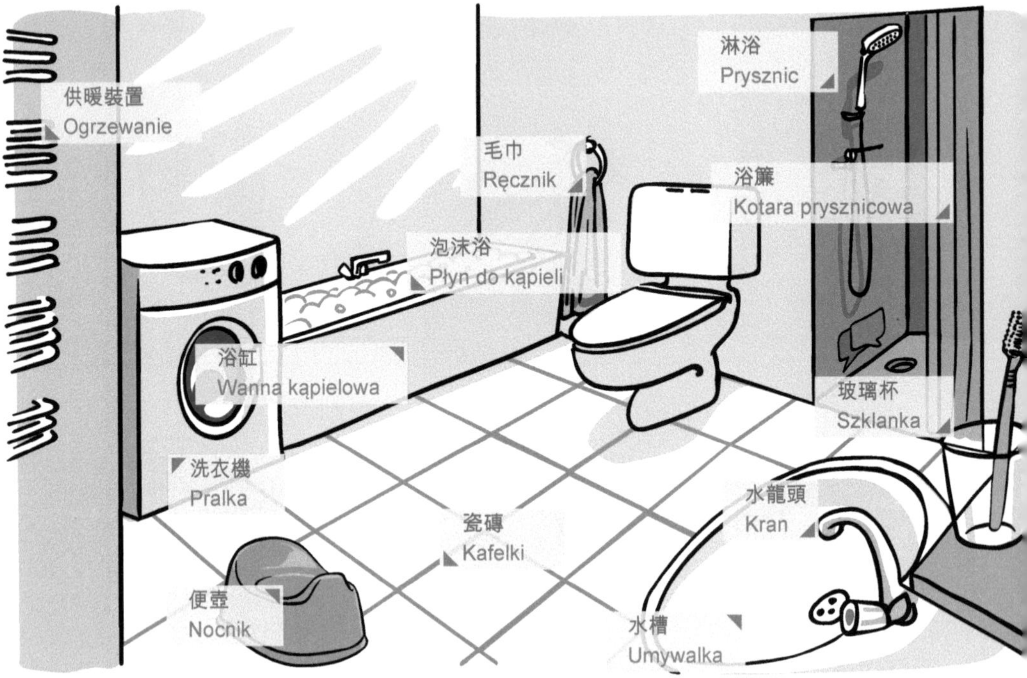

供暖裝置
Ogrzewanie

毛巾
Ręcznik

淋浴
Prysznic

浴簾
Kotara prysznicowa

泡沫浴
Płyn do kąpieli

浴缸
Wanna kąpielowa

玻璃杯
Szklanka

洗衣機
Pralka

瓷磚
Kafelki

水龍頭
Kran

便壺
Nocnik

水槽
Umywalka

廁所

Toaleta

蹲便器

Toaleta kuczna

坐浴器

Bidet

小便斗

Pisuar

廁紙

Papier toaletowy

馬桶刷

Szczotka toaletowa

牙刷

Szczoteczka do zębów

牙膏

Pasta do zębów

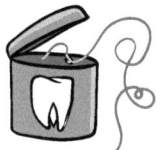

牙線

Nitki do czyszczenia zębów

洗

myć

手持式蓮蓬頭

Głowica prysznicowa

沖洗器

Płyn kąpielowy do higieny intymnej

洗臉盆

Miska do mycia

洗背刷

Szczotka kąpielowa

肥皂

Mydło

沐浴露

Żel prysznicowy

洗髮乳

Szampon

法蘭絨

Rękawica kąpielowa

排水

Odpływ

乳霜

Krem

除臭劑

Dezodorant

鏡子

Lustro

手鏡

Lustro kosmetyczne

刮鬍刀

Golarka

刮鬍泡沫

Pianka do golenia

鬍後水

Woda po goleniu

梳子

Grzebień

刷子

Szczotka

吹風機

Suszarka do włosów

噴髮定型劑

Spray do włosów

化妝品

Makijaż

唇膏

Pomadka

指甲油

Lakier do paznokci

化妝棉

Wata

指甲剪

Nożyczki do paznokci

香水

Perfum

洗漱包

Kosmetyczka

凳子

Taboret

計重秤

Waga

浴袍

Szlafrok kąpielowy

橡膠手套

Rękawice gumowe

衛生棉條

Tampon

衛生棉

Podpaska damska

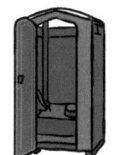

化學廁所

Toaleta chemiczna

兒童房
Pokój dziecięcy

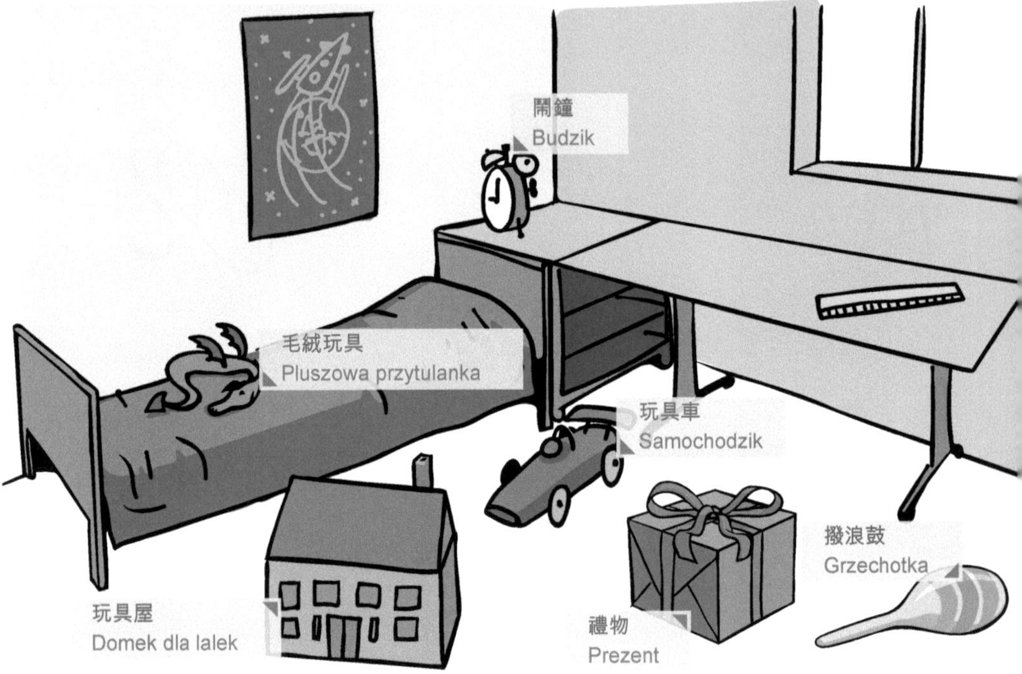

鬧鐘
Budzik
毛絨玩具
Pluszowa przytulanka
玩具車
Samochodzik
撥浪鼓
Grzechotka
玩具屋
Domek dla lalek
禮物
Prezent

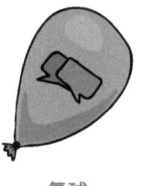

氣球

Balon

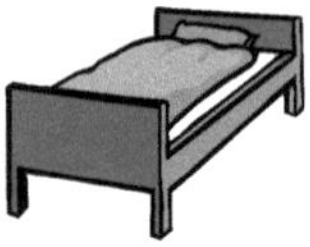

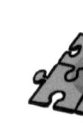

床

Łóżko

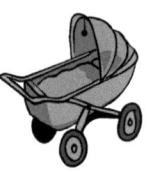

嬰兒車

Wózek dziecięcy

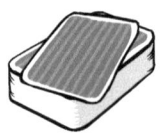

撲克牌

Gra w karty

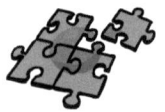

拼圖

Puzzle

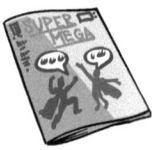

漫畫

Komiks

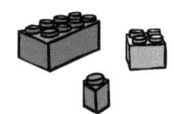

樂高積木
Klocki lego

積木玩具
Klocki

公仔
Action figura

嬰兒服
Śpioszek dziecięcy

飛盤
Frisbee

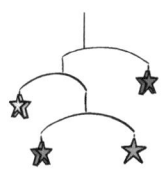

床鈴玩具
Zabawki ruchome

棋盤遊戲
Gra planszowa

骰子
Kości

火車模型
Kolejka elektryczna

安撫奶嘴
Smoczck

派對
Przyjęcie

繪本
Książka z ilustracjami

球
Piłka

洋娃娃
Lalka

玩
bawić się

沙坑
Piaskownica

鞦韆
Huśtawka

玩具
Zabawki

電玩遊戲
Konsola do gier

三輪車
Rowerek trójkołowy

泰迪熊
Pluszowy miś

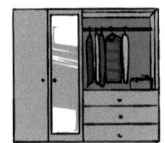

衣櫃
Szafa ubraniowa

衣服
Ubiór

襪子
Skarpety

長襪
Pończochy

緊身褲
Rajstopy

圍巾
Szal

雨傘
Parasol

皮帶
Pasek

T恤
T-Shirt

運動鞋
Obuwie sportowe

靴子
Kozaki

拖鞋
Pantofle domowe

涼鞋
Sandały

鞋
Buty

雨靴
Kalosze

內褲
Majtki

胸罩
Biustonosz

背心
Podkoszulek

身體
Body

褲子
Spodnie

牛仔褲
Dżins

短裙
Spódnica

女式襯衫
Bluzka

襯衫
Koszula

套頭衫
Pulower

連帽上衣
Bluza sportowa

西裝夾克
Marynarka

夾克
Kurtka

外套
Płaszcz

雨衣
Płaszcz przeciwdeszczowy

套裝
Kostium

連衣裙
Sukienka

婚紗
Suknia ślubna

西裝
Garnitur męski

睡袍
Koszula nocna

睡衣
Piżama

莎麗
Sari

頭巾
Chusta na głowę

包頭巾
Turban

波卡
Burka

卡夫坦
Kaftan

(阿拉伯式)長袍
Abaya

泳衣
Strój kąpielowy

男式泳褲
Kąpielówki

短褲
Krótkie spodnie

運動服
Dres sportowy

圍裙
Fartuch

手套
Rękawiczki

鈕扣
Guzik

眼鏡
Okulary

手鏈
Bransoletka

項鍊
Łańcuszek

戒指
Pierścionek

耳環
Kolczyk

便帽
Czapka

衣架
Wieszak

帽子
Kapelusz

領帶
Krawat

拉鍊
Zamek błyskawiczny

安全帽
Kask

背帶
Szelki

校服
Mundurek szkolny

制服
Mundur

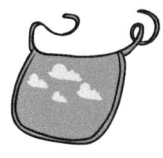

圍兜

Śliniaczek

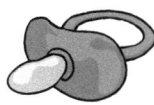

安撫奶嘴

Smoczek

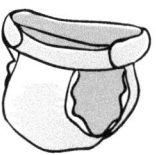

尿布

Pieluszka

辦公室
Biuro

伺服器
Serwer
檔案櫃
Szafa na akta
紙
Papier
印表機
Drukarka
螢幕
Monitor
辦公桌
Biurko
滑鼠
Mysz
資料夾
Segregator
鍵盤
Klawiatura
廢紙簍
Kosz na odpadki
電腦
Komputer
椅子
Krzesło

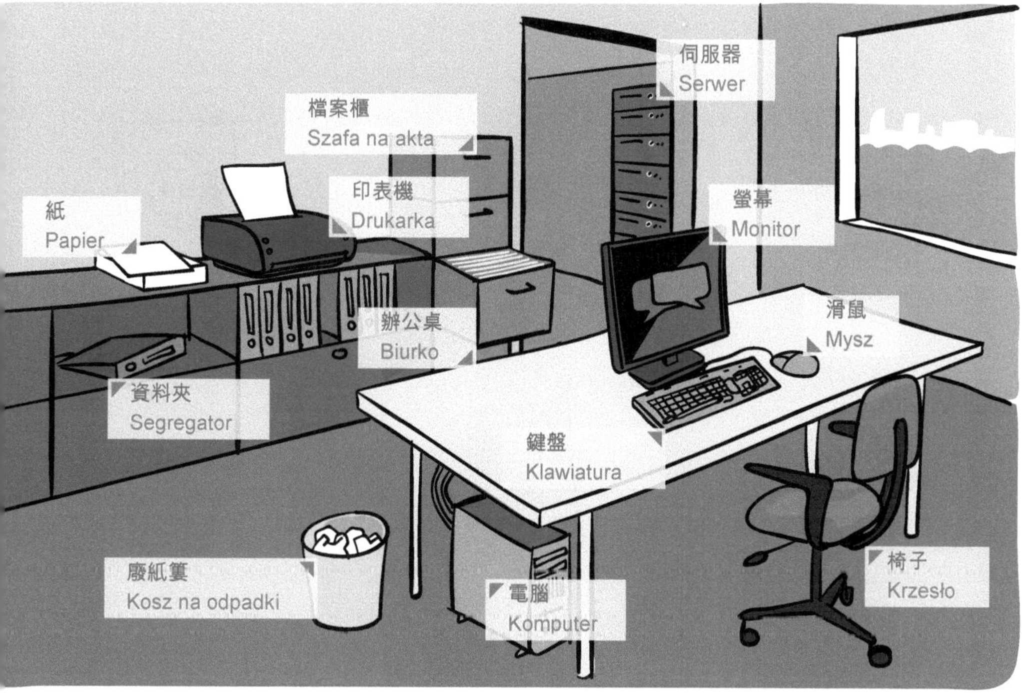

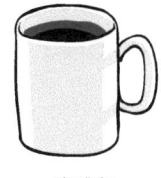

咖啡杯

Filiżanka do kawy

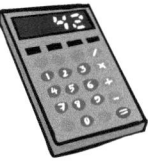

計算機

Kalkulator

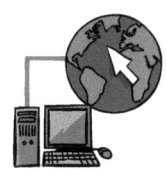

網際網路

Internet

筆記型電腦
Laptop

信件
List

簡訊
Wiadomość

行動電話
Komórka

網路
Sieć

影印機
Kopiarka

軟體
Oprogramowanie

電話
Telefon

插座
Gniazdko

傳真機
Faks

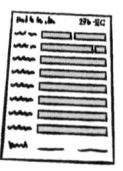

表格
Formularz

檔案
Dokument

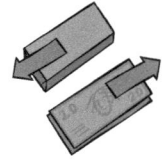

買
kupić

付錢
płacić

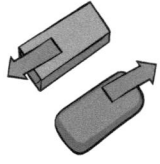

交易
postępować

現金
Pieniądze

美元
Dolar

歐元
Euro

日元
Jen

盧布
Rubel

瑞士法郎
Frank

人民幣
Juan Renminbi

盧比
Rupia

提款處
Bankomat

外幣兌換處

Kantor wymiany walut

金

Złoto

銀

Srebro

石油

Olej

能源

Energia

價格

Cena

合約

Umowa

稅金

Podatek

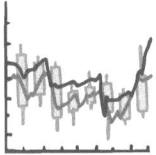

股票

Akcja

工作

pracować

職員

Pracownik umysłowy

老闆

Pracodawca

工廠

Fabryka

商店

Sklep

職業
Zawody

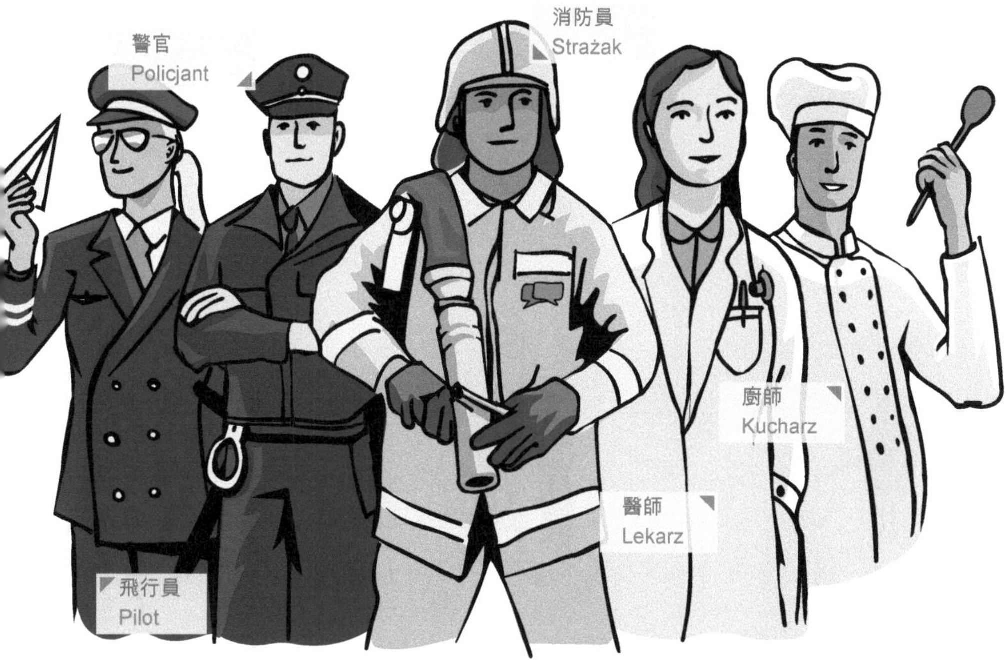

警官
Policjant
消防員
Strażak
飛行員
Pilot
醫師
Lekarz
廚師
Kucharz

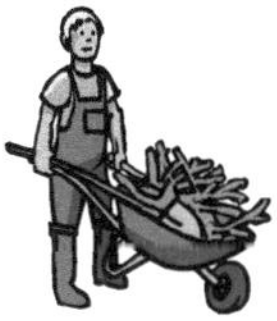

園丁

Ogrodnik

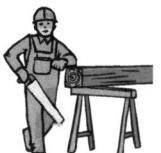

木匠

Stolarz

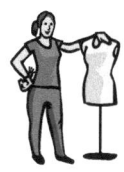

裁縫

Krawcowa

法官

Sędzia

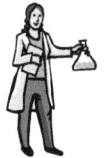

化學家

Chemik

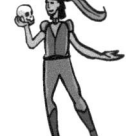

演員

Aktor

公車司機

Kierowca autobusu

計程車司機

Taksówkarz

漁夫

Fischer

清洗女工

Sprzątaczka

屋頂工

Dekarz

服務生

Kelner

獵人

Myśliwy

畫家

Malarz

麵包師

Piekarz

電工

Elektryk

建築工人

Robotnik budowlany

工程師

Inżynier

屠夫

Rzeźnik

水管工

Instalator

郵差

Listonosz

士兵
Żołnierz

建築師
Architekt

收銀員
Kasjer

花農
Florysta

理髮師
Fryzjer

售票員
Konduktor

機械技師
Mechanik

船長
Kapitan

牙醫
Dentysta

科學家
Naukowiec

拉比
Rabin

伊瑪目
Imam

和尚
Mnich

牧師
Proboszcz

工具
Narzędzia

鐵錘
Młotek
鉗子
Szczypce
螺絲起子
Wkrętak
扳手
Klucz do śrub
手電筒
Latarka

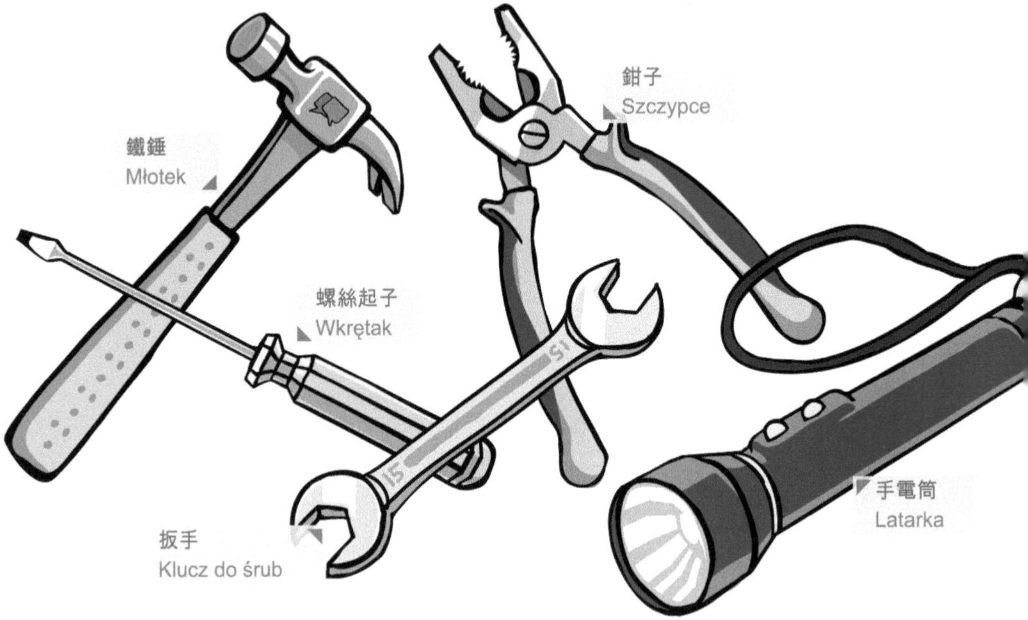

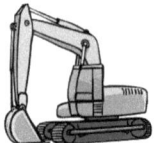

挖掘機

Koparka

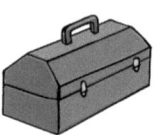

工具箱

Skrzynka narzędziowa

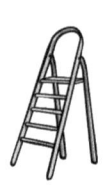

梯子

Drabina

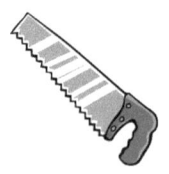

鋸子

Piła

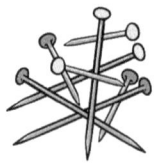

釘子

Gwoździe

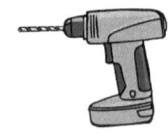

鑽機

Wiertło

修
....
naprawić

鏟子
....
Łopatka

糟糕！
....
Cholera!

畚箕
....
Szufelka

油漆桶
....
Puszka z farbą

螺絲
....
Śruby

樂器

Instrumenty muzyczne

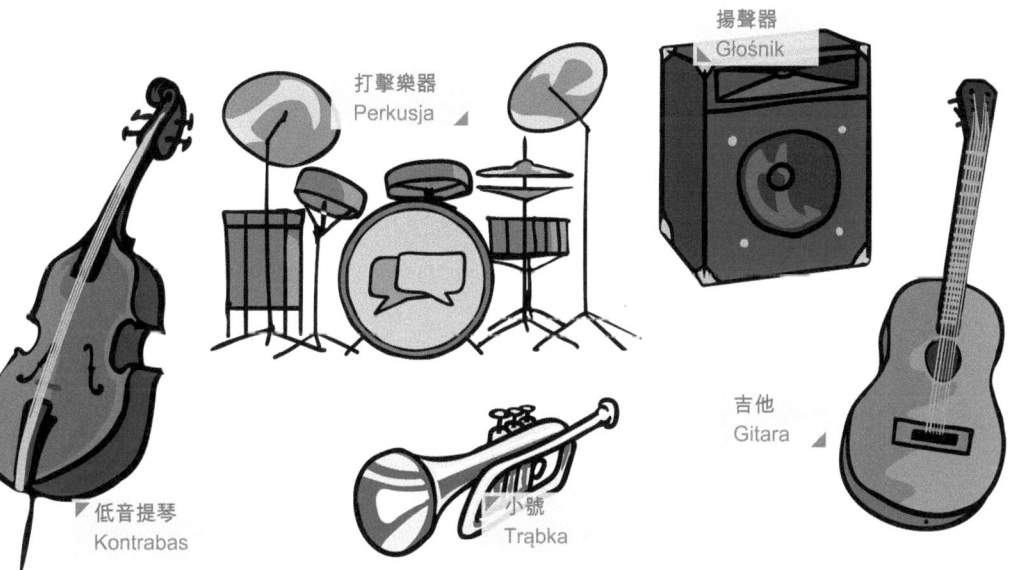

打擊樂器
Perkusja

揚聲器
Głośnik

吉他
Gitara

低音提琴
Kontrabas

小號
Trąbka

鋼琴

Pianino

小提琴

Skrzypce

貝斯

Bas

定音鼓

Kotły

鼓

Bęben

電子琴

Keyboard

薩克斯風

Saksofon

長笛

Flet

麥克風

Mikrofon

動物園

Zoo

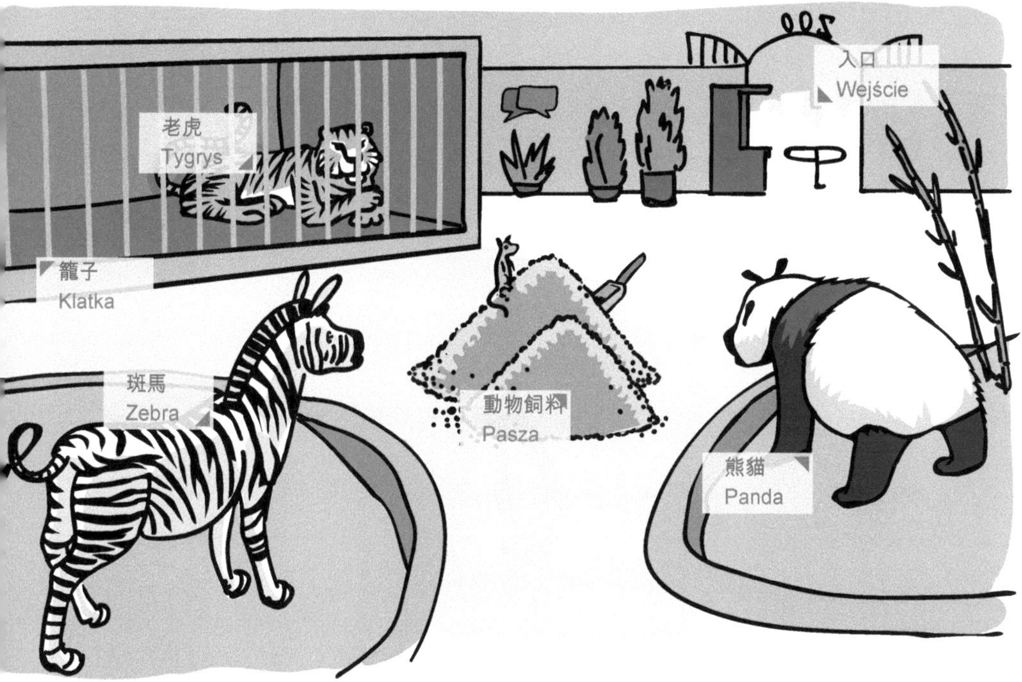

老虎
Tygrys
入口
Wejście
籠子
Klatka
斑馬
Zebra
動物飼料
Pasza
熊貓
Panda

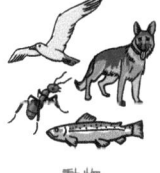

動物

Zwierzęta

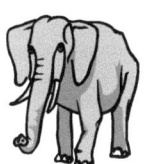

大象

Słoń

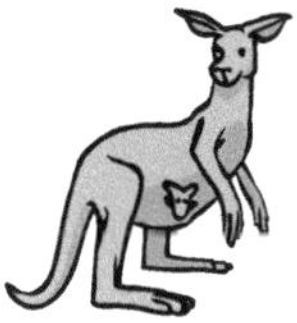

袋鼠

Kangur

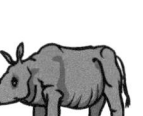

犀牛

Nosorożec

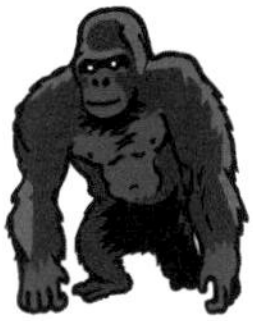

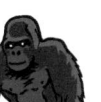

大猩猩

Goryl

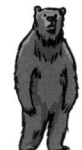

熊

Niedźwiedź

駱駝

Wielbłąd

鴕鳥

Struś

獅子

Lew

猴子

Małpa

紅鶴

Fleming

鸚鵡

Papuga

北極熊

Niedźwiedź polarny

企鵝

Pingwin

鯊魚

Rekin

孔雀

Paw

蛇

Wąż

鱷魚

Krokodyl

動物園管理員

Dozorca w zoo

海豹

Foka

美洲豹

Jaguar

矮種馬

Kucyk

豹

Gepard

河馬

Hipopotam

長頸鹿

Żyrafa

老鷹

Orzeł

野豬

Dzik

魚

Ryba

龜

Żółw

海象

Mors

狐狸

Lis

羚羊

Gazela

橄欖球
Futbol amerykański

騎腳踏車
Kolarstwo

網球
Tenis

籃球
Koszykówka

游泳
Pływanie

拳擊
Boks

冰球
Hokej na lodzie

美式足球
Piłka nożna

羽毛球
Badminton

田徑
Lekka atletyka

手球
Piłka ręczna

滑雪
Narciarstwo

馬球
Polo

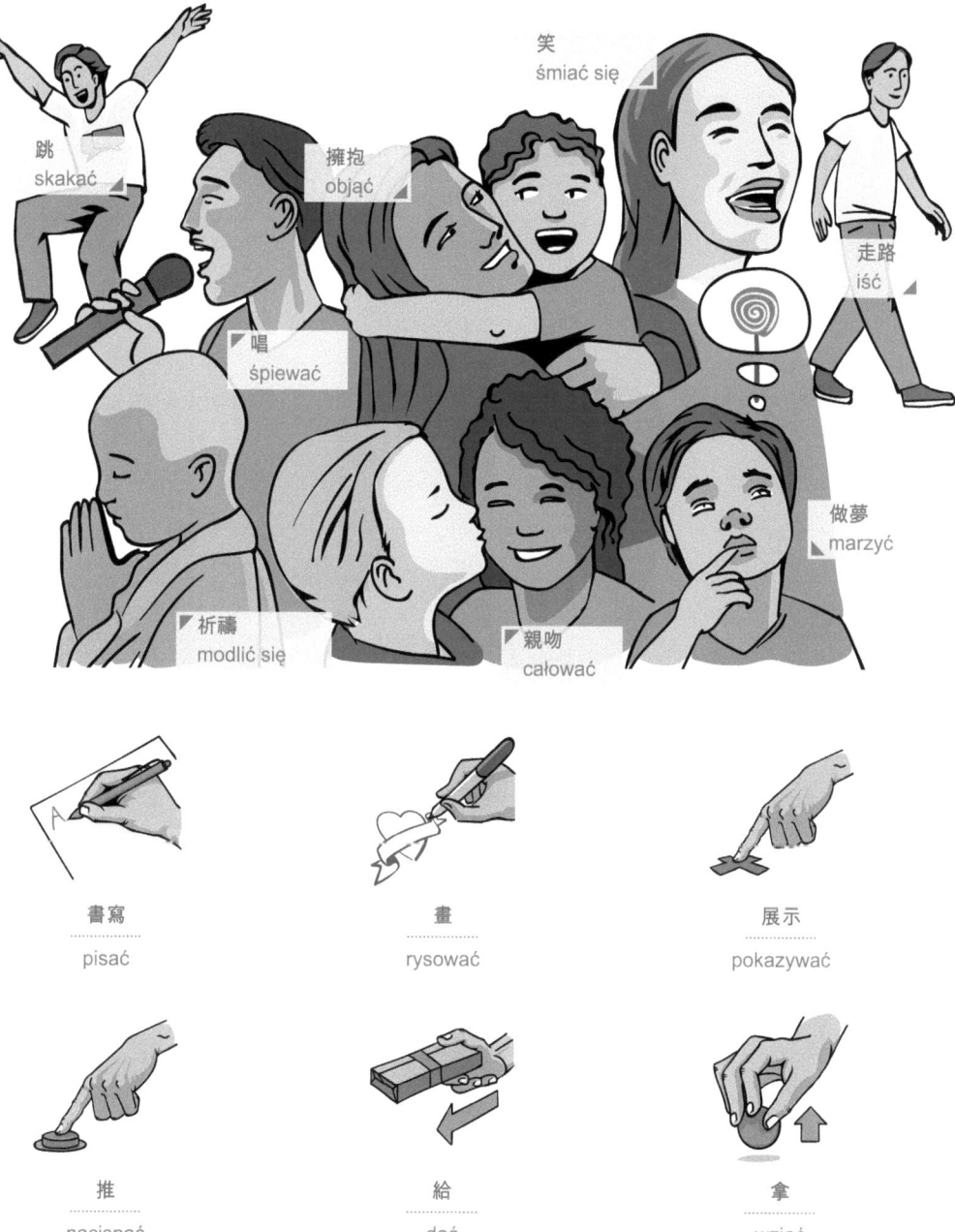

跳
skakać

擁抱
objąć

笑
śmiać się

走路
iść

唱
śpiewać

做夢
marzyć

祈禱
modlić się

親吻
całować

書寫
pisać

畫
rysować

展示
pokazywać

推
nacisnąć

給
dać

拿
wziąć

有
mieć

做
robić

當
być

站
stać

跑
biegać

拉
ciągnąć

丟
rzucać

摔倒
spaść

躺
leżeć

等待
czekać

攜帶
nosić

坐
siedzieć

穿衣
zakładać

睡覺
spać

醒來
budzić się

看
spojrzeć

哭
płakać

擊
głaskać

梳頭
czesać się

交談
mówić

明白
rozumieć

問
pytać

聽
słyszeć

喝
pić

吃
jeść

清理
sprzątać

愛
kochać

做飯
gotować

開車
jechać

飛
latać

活動 - Działania

航行

żeglować

計算

liczyć

讀

czytać

學習

uczyć się

工作

pracować

結婚

wejść w związek małżeński

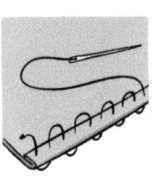

縫

szyć

刷牙

myć zęby

殺

zabić

抽菸

palić tytoń

寄

wysłać

家
Rodzina

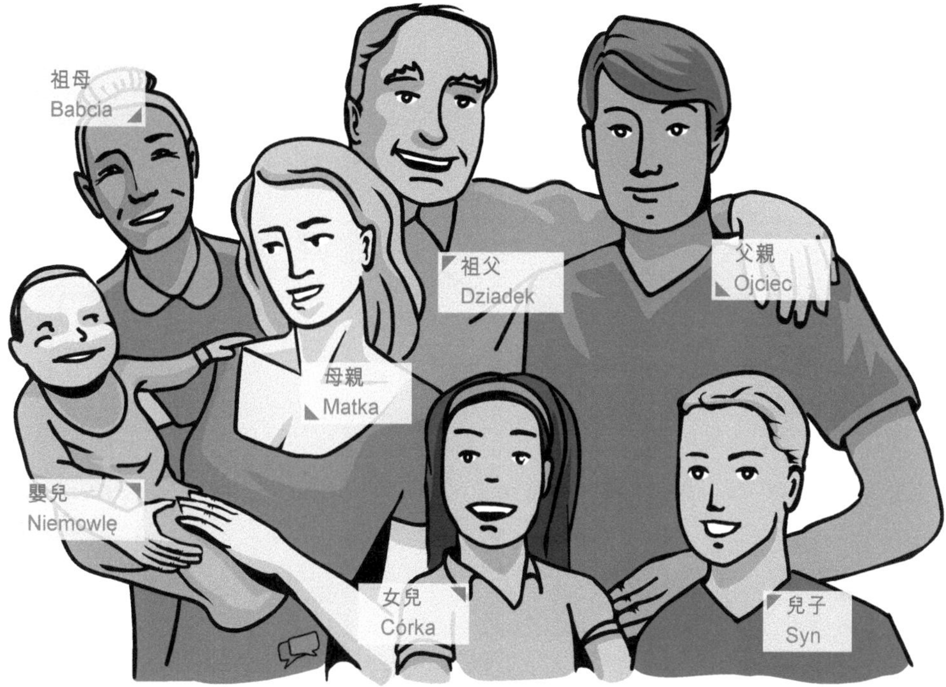

祖母
Babcia
祖父
Dziadek
父親
Ojciec
母親
Matka
嬰兒
Niemowlę
女兒
Córka
兒子
Syn

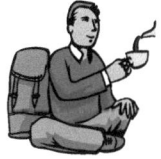

客人

Gość

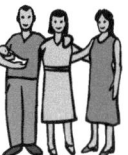

阿姨

Ciotka

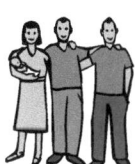

叔叔

Wujek

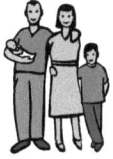

兄弟

Brat

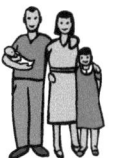

姐妹

Siostra

身體

Ciało

前額
Czoło
眼睛
Oko
臉
Twarz
下巴
Broda
乳房
Pierś
手指
Palec
手
Ręka
手臂
Ramię
肩膀
Ramię
腿
Noga

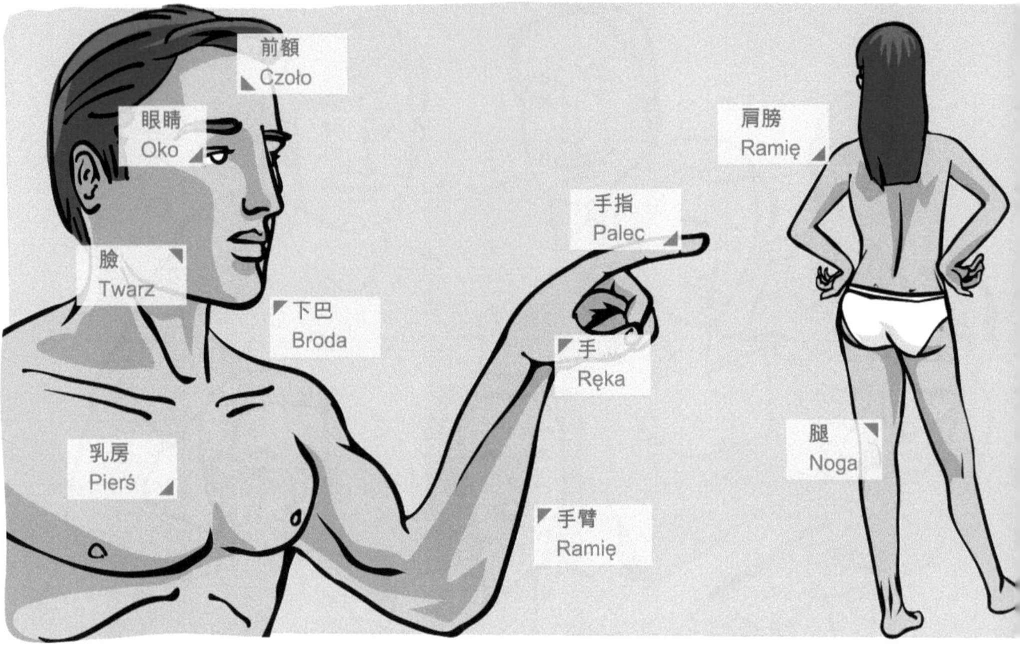

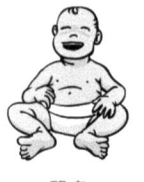

嬰兒

Niemowlę

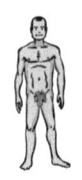

男人

Mężczyzna

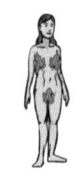

女人

Kobieta

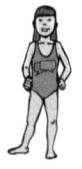

女孩

Dziewczyna

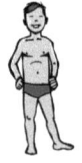

男孩

Chłopiec

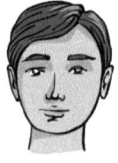

頭

Głowa

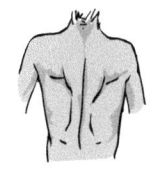

背部
Plecy

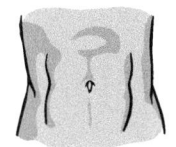

肚子
Brzuch

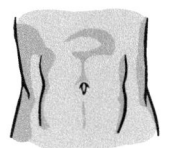

肚臍
Pępek

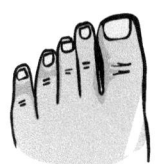

腳趾
palec nogi

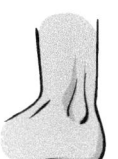

腳後跟
Pięta

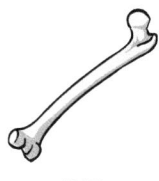

骨頭
Kość

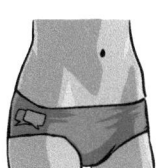

臀部
Biodro

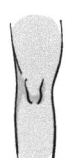

膝蓋
Kolano

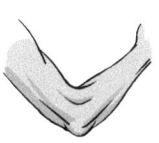

手肘
Łokieć

鼻子
Nos

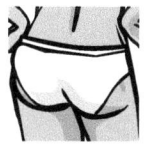

屁股
Pośladki

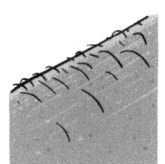

皮膚
Skóra

臉頰
Policzek

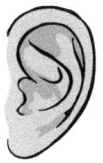

耳朵
Uszy

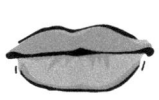

嘴唇
Warga

嘴

Usta

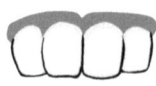

牙齒

Ząb

舌頭

Język

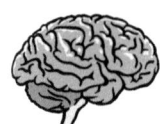

腦

Mózg

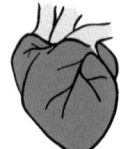

心臟

Serce

肌肉

Mięsień

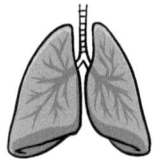

肺

Płuca

肝臟

Wątroba

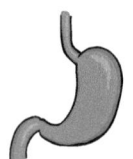

胃

Żołądek

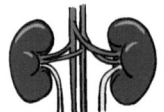

腎臟

Nerki

性交

Stosunek płciowy

保險套

Kondom

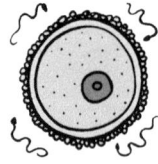

卵子

Komórka jajowa

精子

Sperma

懷孕

Ciąża

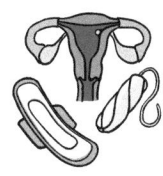

月事

Menstruacja

陰道

Wagina

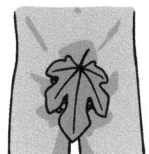

陰莖

Penis

眉毛

Brew

頭髮

Włosy

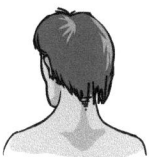

脖子

Szyja

醫院

Szpital

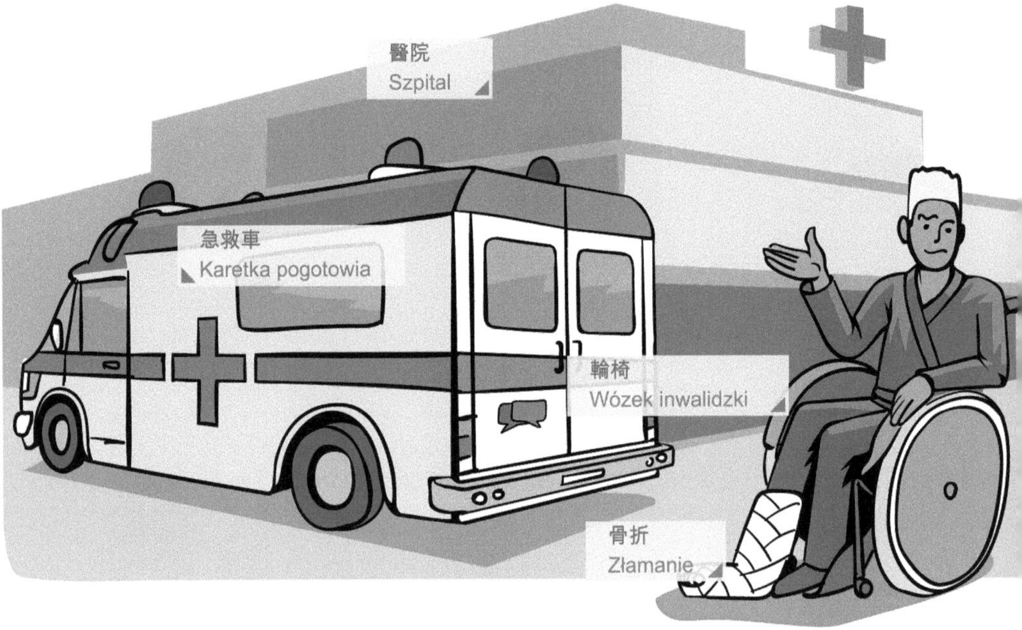

醫院
Szpital
急救車
Karetka pogotowia
輪椅
Wózek inwalidzki
骨折
Złamanie

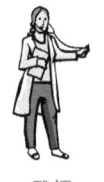

醫師

Lekarz

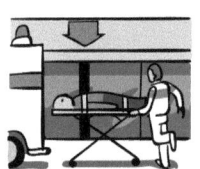

急診室

Izba przyjęć

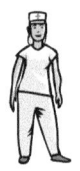

護理師

Pielęgniarka

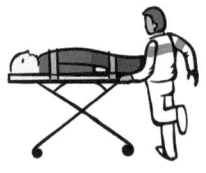

緊急情形

Nagły przypadek

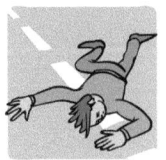

昏迷

nieprzytomny

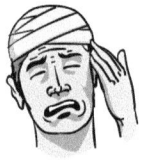

痛

Ból

受傷
Skaleczenie

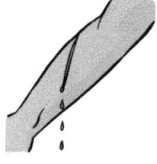

出血
Krwawienie

心臟病發作
Zawał serca

中風
Udar mózgu

過敏
Alergia

咳嗽
Kaszleć

發燒
Gorączka

流感
Grypa

腹瀉
Biegunka

頭痛
Ból głowy

癌症
Rak

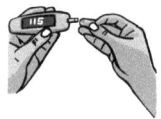

糖尿病
Cukrzyca

外科醫師
Chirurg

手術刀
Skalpel

手術
Operacja

電腦斷層掃描
CT

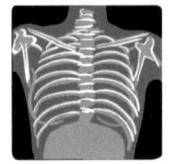

X光
Rentgen

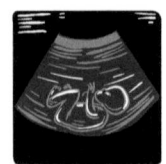

超音波
Ultradźwięki

口罩
Maska

疾病
Choroba

候診室
Poczekalnia

拐杖
Kula

石膏
Plaster

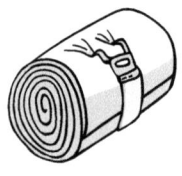

繃帶
Opatrunek

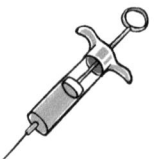

注射
Iniekcja

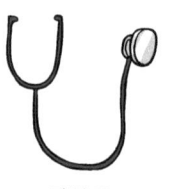

聽診器
Stetoskop

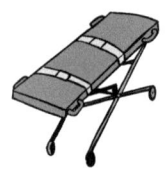

擔架
Nosze

體溫計
Termometr

出生
Poród

超重
Nadwaga

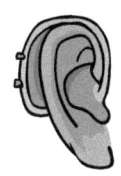

助聽器

Aparat słuchowy

消毒液

Środek dezynfekcyjny

感染

Infekcja

病毒

Wirus

愛滋病

HIV / AIDS

藥物

Medycyna

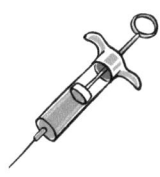

接種疫苗

Szczepienie

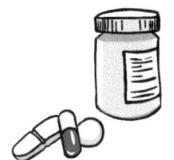

藥片

Tabletki

藥丸

Pigułka

急救電話

Telefon ratunkowy

血壓計

Ciśnieniomierz krwi

生病/健康

chory / zdrowy

救命！

Pomocy!

 警報

Alarm

突擊

Napad

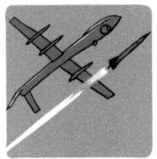

攻擊

Atak

危險

Niebezpieczeństwo

緊急出口

Wyjście awaryjne

失火了！

Pożar!

滅火器

Gaśnica

意外

Wypadek

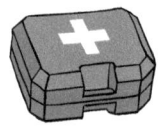

急救箱

Walizeczka pierwszej
pomocy

呼救訊號

SOS

員警

Policja

歐洲

Europa

北美洲

Ameryka Północna

南美洲

Ameryka Południowa

非洲

Afryka

亞洲

Azja

澳洲

Australia

大西洋

Atlantyk

太平洋

Pacyfik

印度洋

Ocean Indyjski

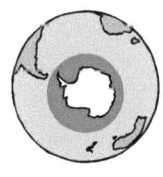

南冰洋

Ocean Antarktyczny

北冰洋

Ocean Arktyczny

北極

Biegun północny

南極
Biegun południowy

南極洲
Antarktyda

地球
Ziemia

陸地
Kraj

海
Morze

島
Wyspa

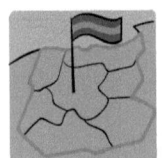

國家
Naród

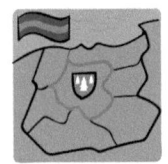

州
Państwo

錶盤

Cyferblat

時針

Wskazówka godzinowa

分針

Wskazówka minutowa

秒針

Wskazówka sekundowa

現在幾點？

Która godzina?

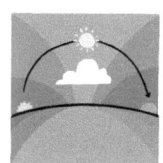

天

Dzień

時間

Czas

現在

teraz

電子錶

Zegarek digitalny

分

Minuta

時

Godzina

週

Tydzień

週一 Poniedziałek
週二 Wtorek
週三 Środa
週四 Czwartek
週五 Piątek
週六 Sobota
週日 Niedziela

MO TU W TH FR SA SO

昨天
wczoraj

今天
dzisiaj

明天
jutro

早晨
Rano

中午
Południe

晚上
Wieczór

工作日
Dni robocze

週末
Weekend

雨
Deszcz

彩虹
Tęcza

風
Wiatr

雪
Śnieg

春
Wiosna

夏
Lato

秋
Jesień

冬
Zima

4.APRIL	11°	
5.APRIL	4°	
6.APRIL	13°	
7.APRIL	8°	
8.APRIL	10°	

天氣預告

Prognoza pogody

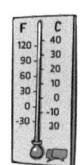

溫度計

Termometr

陽光

Światło słoneczne

雲

Chmura

霧

Mgła

潮濕

Wilgotność powietrza

閃電

Błyskawica

打雷

Grzmot

風暴

Sztorm

冰雹

Grad

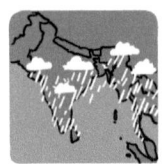

季風

Monsun

洪水

Potop

冰

Lód

一月

Styczeń

二月

Luty

三月

Marzec

四月

Kwiecień

五月

Maj

六月

Czerwiec

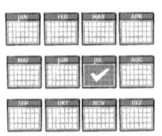

七月

Lipiec

八月

Sierpień

九月

Wrzesień

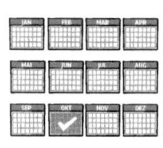

十月

Październik

十一月

Listopad

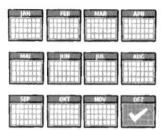

十二月

Grudzień

形狀
Kształty

圓形

Koło

正方形

Kwadrat

長方形

Prostokąt

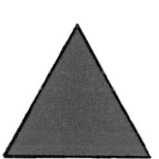

三角形

Trójkąt

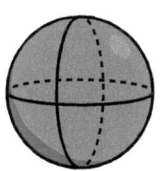

球體

Kula

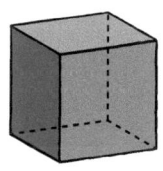

立方體

Sześcian

白
....
biały

黃
....
żółty

橙
....
pomarańczowy

粉
....
różowy

紅
....
czerwony

紫
....
liliowy

藍
....
niebieski

綠
....
zielony

棕
....
brązowy

灰
....
szary

黑
....
czarny

很多/少許

dużo / mało

生氣/平靜

wściekły / spokojny

美/醜

piękny / brzydki

首/尾

początek / koniec

大/小

duży / mały

明/暗

jasny / ciemny

兄弟/姐妹

brat / siostra

乾淨/骯髒

czysty / brudny

完整/缺失

kompletny / niekompletny

白天/晚上

dzień / noc

死/生

umarły / żywy

寬/窄

szeroki / wąski

可食用/非食用

jadalny / niejadalny

邪惡/善良

zły / uprzejmy

興奮/無聊

podniecony / znudzony

胖/瘦

gruby / chudy

第一/最後

najpierw / na końcu

朋友/敵人

przyjaciel / wróg

滿/空

pełen / pusty

硬/軟

twardy / miękki

重/輕

ciężki / lekki

餓/渴

głód / pragnienie

生病/健康

chory / zdrowy

非法/合法

nielegalny / legalny

聰明/愚笨

inteligentny / głupi

左/右

lewo / prawo

近/遠

bliski / daleki

反義詞 - Przeciwieństwa

新/舊

nowy / używany

沒有/有些

nic / coś

老/幼

stary / młody

開/關

włącz / wyłącz

打開/闔上

otwarty / zamknięty

安靜/吵鬧

cichy / głośny

富/窮

bogaty / biedny

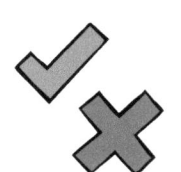

對/錯

prawidłowy / błędny

粗糙/光滑

chropowaty / gładki

傷心/高興

smutny / szczęśliwy

短/長

krótki / długi

慢/快

powolny / szybki

濕/乾

mokry/suchy

溫暖/涼爽

ciepły / chłodny

戰爭/和平

wojna / pokój

0

零
....
zero

1

一
....
jeden

2

二
....
dwa

3

三
....
trzy

4

四
....
cztery

5

五
....
pięć

6

六
....
sześć

7

七
....
siedem

8

八
....
osiem

9

九
....
dziewięć

10

十
....
dziesięć

11

十一
....
jedenaście

12

十二

dwanaście

13

十三

trzynaście

14

十四

czternaście

15

十五

piętnaście

16

十六

szesnaście

17

十七

siedemnaście

18

十八

osiemnaście

19

十九

dziewiętnaście

20

二十

dwadzieścia

100

百

sto

1.000

千

tysiąc

1.000.000

百萬

milion

英語

Angielski

美式英語

Angielski amerykański

普通話

Chiński mandaryński

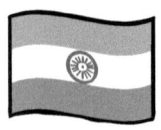

印地語

Hindi

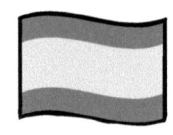

西班牙語

Hiszpański

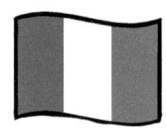

法語

Francuski

阿拉伯語

Arabski

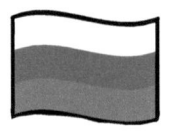

俄語

Rosyjski

葡萄牙語

Portugalski

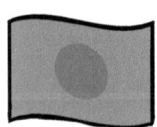

孟加拉語

Bengalski

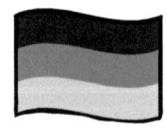

德語

Niemiecki

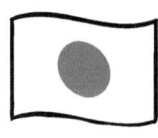

日語

Japoński

我

ja

你

ty

他/她/它

on / ona / ono

我們

my

你們

wy

他們

oni

誰？

kto?

什麼？

co?

如何？

jak?

何處？

gdzie?

何時？

kiedy?

名字

Nazwisko

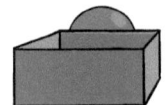

後面

za

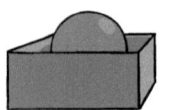

裡面

w

前面

przed

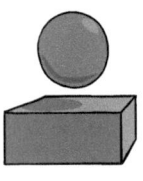

上方

powyżej

上面

na

下麵

pod

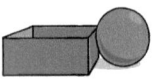

旁邊

obok

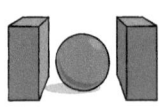

中間

między

地點

Miejsce